DESSINS ANCIENS

ESTAMPES

ANCIENNES

PORTRAITS

ÉCOLE DU XVIIIe SIÈCLE

EXPOSITION PUBLIQUE

Le Dimanche 2 Décembre 1877, de 1 heure à 4 heures.

Me Maurice DELESTRE

COMMISSAIRE-PRISEUR

Successeur de M. DELBERGUE-CORMONT

M. VIGNERES

Md D'ESTAMPES

Rue de la Monnaie, 21 (ancien 13)

CHEZ LEQUEL SE DISTRIBUE LE CATALOGUE.

PARIS — 1877

3782 50
3409 50
————
7192

1878
14 Janvier Hocquet 7192   23 20%

                                  1.669 40

            40th Vente Achats 319 20

            Bordereau 13 Nov. 1877 ....   684 65

                  20 Nov. 250 95

                  21 Nov. 492 45

            3. 4 Décembre 914 05

                  10 Décemb 492 45

                  12-13 Déc 2 72

                  29 Décemb 224 70

Don S. de Ricci

CATALOGUE

DESSINS ANCIENS

ET

ESTAMPES

ANCIENNES

Ab. BOSSE rarissime, **FLAMEN**, etc.

PORTRAITS

PAR ET D'APRÈS VAN DYCK, ET AUTRES

ÉCOLE DU XVIIIe SIÈCLE

D'après Boucher, Demarteau, etc.

DONT LA VENTE AURA LIEU

HOTEL DES COMMISSAIRES-PRISEURS

RUE DROUOT, 9, SALLE N° 4

AU PREMIER ÉTAGE

Les Lundi 3 et Mardi 4 Décembre 1877

A UNE HEURE PRÉCISE

Me MAURICE DELESTRE, Commissaire-Priseur,
Successeur de Me DELBERGUE-CORMONT,
rue Drouot, 27,

Assisté de **M. VIGNÈRES**, marchand d'Estampes,
rue de la Monnaie, 21.

EXPOSITION PUBLIQUE

Le Dimanche 2 Décembre 1877, de 1 heure à 4 heures.

PARIS — 1877

ORDRE DES VACATIONS

PREMIÈRE VACATION

DEUXIÈME VACATION

CONDITIONS DE LA VENTE

Elle sera faite expressément au comptant.

Les Acquéreurs paieront CINQ POUR CENT, en sus des enchères, applicables aux frais de vente.

Les attributions et annotations de l'amateur ont été conservées pour les Dessins.

M. VIGNÈRES, chargé de la Vente, remplira les Commissions.

NOTA. Toute commission sans prix fixé ou sans limite déterminée sera regardée comme nulle.

M. VIGNÈRES se charge de faire marquer les prix aux Catalogues des Ventes qu'il a faites. Les personnes qui le désirent peuvent s'adresser à lui *franco*.

Plusieurs Amateurs éloignés en ont reconnu l'utilité pour les guider dans leurs achats sur les valeurs des Estampes.

Les Catalogues des Ventes à faire seront envoyés aux personnes qui en feront la demande *affranchie*.

AVIS. — Nous prions MM. les Amateurs éloignés de ne pas attendre au dernier jour, pour que les lettres arrivent le matin de la vente; la distribution des lettres se faisant après mon départ.

Choix de Catalogues avec prix marqués.

M. VIGNÈRES se charge des Commissions dans les Ventes de Livres et Estampes autres que les siennes.

CATALOGUE

DESSINS ANCIENS

1 Album de 83 calques, au trait de plume, de
l'Oeuvre de Flaxman, dont 35 pour l'Iliade,
29 pour l'Odyssée et 19 pour les Tragédies
d'Eschyle.

2 **Album**. Collection de vers et dessins, dédiés à
Mᵐᵉˢ A.-M. Hogguer, 1797. Titre à l'encre de
chine et musique, par *Schmidt*, Cheval, par
Plonski, aquarelle. Miniature sur velin, Auto-
graphes de Vanhove et Talma, Sujet à l'encre de
chine, par *Vinkeles*, Cartouche, à l'encre, signé
Joséphine *Grassini*, Don Alexandro *Boucher*, 1ᵉʳ
violon, Autog. de Louise *Contat*, Le Rossignol et
le Canari, fable du *Dugazon*, en l'honneur de
son maître Préville, Romance, paroles et musique de *L.-S. Lebrun*, et autres aquarelles. Encre
de chine, bistre, plume. 67 p. Petit Album re-
lié en veau rouge, filets ornés dentelle, tranche
dorée, dans un double étui.

3 ALFANI (Domenico). La Vierge et l'Enfant entourés de Saints. A la plume et lavis. Collection
J. Bank.

4 ALLOU (G.). Tête de Femme, vue de profil. A la pierre noire, estompée et relevée de blanc. Signé.

5 AMMAN (Jost.). Le Thésauriseur. Dessin pour vitrail. A la plume et lavis d'encre de chine. Porte le monogramme.

6 ANONYME. Portrait de Théodore Cornhert. A la plume. Avec la gravure.

7 — Frontispice. Pour l'Histoire des Femmes illustres. Dans un Cartouche en haut : A la gloire du sexe. Plume et lavis de bistre.

8 ANONYME ALLEMAND. La Vierge et l'Enfant entourés d'Anges. Sépia dans le genre de Rothenamer.

9 ANONYME FRANÇAIS. Érection de la Statue de Louis XIV sur la place des Victoires. (Aujourd'hui place Vendôme.) A la plume et lavis.

10 — Architecture : Hôtel d'Estampes, Coupe et élévation. 3 aquarelles.

11 — Hôtels de Roquelaure, 2. — Hôtel à bâtir rue des Tournelles, à Paris, pour M. Mansart, 5. En tout, 7 aquarelles.

12 ANONYME HOLLANDAIS. Paysage animé de Figures. A la plume et lavis de bistre.

13 — Allégorie : Muses et Amours rendant hommages à un Potentat sur son Trône. Petit croquis, sanguine.

14 ANONYME ITALIEN. Seigneur faisant accrocher à un Palmier les Têtes de Cerfs et de Sangliers qu'il a tué à la Chasse. A la plume lavé de bistre.

15 ASPER (D'ap. Hans). Portrait d'Ulrich Zwingle, le Réformateur contemporain de Luther. Aquarelle.

16 AVED. Portrait d'un jeune Seigneur. Dessiné au lavis de bistre.

17 BANDINELLI (B.). Dessins d'écorchés. A la plume.

18 BARBIERI F. (Le Guerchin). La Sybille de Cumes. Beau dessin au lavis de pierre rouge.

19 — Paysage animé de Figures. A la plume et à l'encre bruno.

20 BAROCCI (Federigo). Tête d'Homme penchée. Bon dessin aux crayons de couleur.

21 BÉGA (C.). La Danse au Cabaret. Important croquis à la sanguine.

22 BÉRICOURT. Le Char de la Liberté promené aux Champs-Élysées. Curieux dessin historique à la plume et aquarelle.

23 BERNIN (Le Cavalier). Portrait de profil du Pape Clément IX, qui fut le protecteur de l'artiste. Beau dessin à la sanguine et pierre noire.

24 BERRETINI. P. de Cortone. L'Adoration des Bergers. Dessin à la plume et lavis de bistre.

25 BLANCHARD (J.). La Vierge tenant l'Enfant Jésus. A la sanguine.

26 BLOEMART (Ab.). Bohémiens au repos. Dessin au lavis de sanguine relevé de blanc. Côté 2033, par *Crozat*.

27 BOSSE (Ab.). Jeune Seigneur la main dans le Pourpoint. Petit dessin à la pierre noire relevé de blanc. Collection *Guichardot*.

28 BOTH (André). Paysans Hollandais autour d'une table. Dessin à la plume et au lavis. Signé.

29 BOTH (Jean). Ruines d'un Tombeau antique, au milieu d'un Paysage. Dessin à la pierre noire lavé d'encre de Chine. Collection *Mariette*.

30 — Paysage montagneux. A la pierre d'Italie, largement lavé d'encre de Chine.

31 BOUCHARDON (Edme). Pomone debout sur une Sphère. Dessin à la sanguine, accompagné de la gravure.

32 BOUCHER (F.). Le Mariage mystique de sainte Catherine. Bon dessin à la pierre noire. Signé.

33 — Groupe d'Enfants sur des Nuages. A la pierre noire relevée de blanc. Signé.

34 BOULLE. Quatre Motifs d'arabesques pour plaques de Coffrets. A la plume et légèrement lavés. Rares.

35 BOULOGNE (Louis). Vénus offrant une armure à Achille. Lavis de bistre relevé de blanc. Signé.

36 BOURDON (Seb.). Moïse conduit les Hébreux vers la terre de Chanaan. Grand dessin à la sanguine lavé de sépia.

37 BUONAROTTI (Michel-Ange). Démocrite. Dessin à la plume formant le pendant de l'Héraclite du Musée de Florence. Sur la même feuille sont divers croquis. Papier à l'Agneau-Pascal, de fabrication papale au xvi⁰ siècle.

38 BURGMAIR (Hans). Un Dompteur de Bêtes? A la plume.

39 CALIARI. Paul Véronèse. Mathieu l'Évangéliste. Très-beau dessin à la plume lavé de bistre. Sur la même feuille sont divers croquis. Signé.

40 — Agar au Desert. Bon dessin à la plume et lavis de bistre.

41 CALVI (F.). Triomphe d'un Empereur Romain. Petit dessin en forme de frise. A la plume et lavis de bistre.

42 CAMBON. Décor pour « *Saladin*, » représenté au théâtre du *Cirque*. Beau dessin au fusain fixé, relevé de blanc. Vente 1876.

43 CANTARINI (S.). Pesarèse. La Vierge, entourée d'Anges, apparaît à un Religieux. A la plume et lavis de sépia.

44 — Querelle d'Enfants. Dessin à la plume.

45 CARMONTEL. Jeune Seigneur écrivant une lettre. Très-beau dessin à la pierre d'Italie, relevé de blanc.

46 CARRACHE (Louis). Apparition du Christ à un Religieux. Grand dessin à la pierre noire relevé de blanc.

47 CASANA (Niccolo). Un Enfant, vue de dos, caresse un Mouton. Énergique dessin à la pierre d'Italie mouillée.

48 CASTELLI (B.). La Vierge et l'Enfant Jésus et deux Saints. A la plume et lavis de bistre dans un encadrement d'architecture de la Renaissance. A la plume et lavis.

49 — Mariage de la Vierge. Petit dessin à la plume et lavis.

50 CHALLE. (J.-M.). Projet pour un Tombeau. *M.* 10
Grand dessin à la plume lavé de bistre.

51 CHAMPAIGNE (Ph. de). *Ecce Agnus Dei.* Bon *M* 5 Portalis 35 Gutman 50
petit dessin à la plume relevé de blanc.

52 CHARDIN. (J.-B.-S.). La partie de Cartes. Deux *M* 10 Laperl 17.
Soldats attablés semblent se tricher mutuelle-
ment. Joli dessin à la sanguine.

53 CHARPENTIER. Allégorie de la Marine formée *M.* 12
par un groupe d'Enfants. A la pierre noire.

54 CHATELET. Vue prise aux environs de Salerne. *M.* 8
Aquarelle.

55 CHAYS, 1775. Villa aux environs de Naples. A la *M.* 5
pierre noire, dans le goût de H. Robert. Signé.

56 CHEVANSKI. Le Maître d'École. Crayon noir et *M.* 10
lavis d'encre de Chine. Très-terminé.

57 CORNEILLE (Michel). Projet de plafond pour la *M.* 15
galerie de Choisy. Intéressant dessin à la plume
et lavis de sépia.

58 — Le Bain d'Apollon. Dessin à la plume, lavé *M* 8
de sépia et relevé de blanc.

59 CORNELIS (Corneille) de Harlem. Adam et Eve. *M.* 8 Hedou 4. Willart 10.
Dessin à la plume et lavis de sépia et d'encre
de chine. Accompagné de la gravure du sujet
modifié. Belle épreuve, par *Saenredam*.

60 CORRÈGE (Ant.). Étude d'Homme couché. A la *M.* 5 Portalis 25
pierre noire.

61 COUSTOU (Nicolas). Projet d'un Lutrin formé *M.* 8
par les Animaux symboliques des Évangélistes.
Sur le piédestal se trouve le blason de Riche-
lieu. A la pierre noire et lavis avec notes manus-
crites.

62 CUSTOS, 1730. Renaud et Armide. Dessin à la plume et lavis de bistre. Signé.

63 CUYP (Albert). Jeune Garçon hollandais. Belle étude à la sanguine.

64 DAVID (J.-L.). Portrait de Carle Vernet? Petit dessin à la plume et lavis.

65 DE NÈVE. Paysage à la pierre noire. Rare, collection *Guichardot*.

66 DESRAIS. Louis XVI visite un Arsenal maritime. Grand dessin allégorique à la plume et lavis.

67 DEVOS (Martin), Le Dragon à sept Têtes de l'Apocalypse, adoré par des Rois et autres personnages. Dessin à la plume et lavis.

68 DEVOSGE. Jupiter et Antiope. Dessin très-fin à l'estompe et mine de plomb. Signé.

69 DIEPEMBECKE (Ab.). Salomon harangue le Peuple. Plume et lavis d'encre de Chine. Papier au blason fleurdelisé et couronné.

70 DROUAIS. Tête de Femme, vue de profil. A la sanguine.

71 DUCQ (Jean). Bourgeois Hollandais autour d'une Table, les uns fument, d'autres jouent aux cartes. Grand dessin à la sanguine.

72 DUGHET (Gaspard). Cascatelles de Tivoli. Dessin à la plume rehaussé de blanc.

73 DU JARDIN (Karl). « Paysages avec Figures au crayon noir, lavé d'encre de chine. » Rédaction manuscrite de *Mariette*, au verso. Joli dessin.

74 DUQUESNOY (François-Flamand). Tête d'Enfant à la pierre noire estompée et relevée de blanc.

75 DU RAMEAU. Croquis de Paysage. A la sanguine.

76 DUSART (C.). La Danse devant le Cabaret. Dessin à la plume et lavis de bistre. Au verso : Deux Études de Femmes. Accompagné de la gravure où se voient de notables changements. Collection *Villardi*.

77 DYCK (Ant. Van). Tête de Moncade, forte comme nature. Très-beau dessin à la pierre noire, probablement l'étude pour le tableau du Louvre. Filigrane hollandais G. P.

78 — Le Portement de Croix. Dessin à la plume et lavis de-sépia dans le goût de Rembrandt.

79 ÉCOLE ALLEMANDE, xvi° siècle. L'Adoration des Mages. A la plume et lavis de bistre dans le goût du Titien.

80 ÉCOLE FRANÇAISE. Minerve conduit la Renommée au Temple de Mémoire. Un groupe d'Enfants soutient un Livre où se lit : « *Odissée d'Homère.* » Dessin en ovale, à la plume et aquarelle, pour le plafond de la Bibliothèque de Madame.

81 — Projet pour le Vitrage d'un Boudoir. Dessin à la plume et lavis d'aquarelle et d'encre de Chine dans le goût de Babel.

82 ÉCOLE FRANÇAISE DU XVI° SIÈCLE. Paysage avec Moulin à eau dessiné à la plume, dans le goût du Titien, sur un papier du xv° siècle, où se trouve une gravure en bois des armes de Valenchêne (Valenciennes), les armes de la Maison d'Espagne entourées du Collier de la Toison-d'Or, etc.

83 — Vue prise à Frascati au Belvédère Borghèse. 5.50
A la plume et lavis de sépia colorié.

84 ÉCOLE ITALIENNE, XVIIe SIÈCLE. Dessin d'un 8.50
beau Vase. A la plume et lavis d'encre de chine.
Collection *J. Reynolds.*

85 EISEN (Ch.). La Tenderie aux Oiseaux. Charmant 27
dessin au lavis d'encre de chine et d'aquarelle.

86 FALENS (Van). Le Départ. Bon petit dessin au 7
lavis de bistre.

87 FARINATI (P.). La Vierge allaitant l'Enfant 6
Jésus. Lavis de pierre noire relevé de blanc.

88 FERRIER, 1783. Les Amants surpris. Scène 26
galante. Dessin à la plume et aquarelle. Signé.

89 — La Fille honteuse. Dessin formant le pen- 26
dant du précédent. Signé.

90 FRAGONARD (H.). Mars sur des Nuages. Dessin 9
à la sanguine lavé d'encre de chine.

91 — Paysage animé de Figures. Au lavis de pierre 21
rouge. Signé *Frago.*

92 FRANÇOIS, élève de Van Dyck. Deux Têtes de 4
Vieillards. A la sanguine. Signé.

93 GELÉE (Claude-Lorain). Sylphide offrant une 29
Coupe à Apollon. Beau dessin à la plume et lavis
de sépia. *Les dessins de figures de ce Maître sont
rares.* Au bas : *Cl. inv. Roma.*

94 GÉRICAULT (Th.). Cavalier égyptien. Au verso : 10.50
Cavalier cosaque au-dessous duquel est la signature de l'artiste. Mine de plomb et lavis.

95 GIARDINI. Dessin d'une Coupe soutenue par 11
des Enfants debout sur un Vase. A la plume
lavé de sépia.

96 GILLOT (Claude). Concert de comédien dans un parc. Beau croquis à la sanguine de ce maître.

97 GIRARDON. Groupe d'enfants pour un buffet d'orgue. A la sanguine.

98 GOLTZIUS (H.). L'évangéliste saint Marc méditant sur un livre. Beau petit dessin, de forme ronde à la plume et lavis de sépia. Signé.

99 GOYA. Homme portant une épinette sur le dos. Au crayon noir.

100 GOYEN (J. Van). 1634. Habitations sur le bord d'un canal sur lequel se voit un bateau plat chargé d'hommes et de chevaux. Important dessin à la pierre noire et lavis d'encre de chine. Signé. Papier à la Folie.

101 GRANVILLE (J.-J.). Études très-fines à la plume pour les animaux peints par eux-mêmes.

102 GRAVELOT (Hubert). Dessin à la plume et lavis de sépia colorée, pour l'une des tragédies de Shakespeare.

103 GRESSÉ. Jeune dame se parant de fleurs. Joli petit dessin ovale. A la sanguine. Signé.

104 GREUZE (J.-B.). Grande étude d'une femme accroupie. A la sanguine.

105 GUARDI (F.). Tentes de campement sous les remparts d'une ville, probablement pour une décoration théatrale. A la plume et lavis de sépia. Au verso : le cachet de *Ricamatori*.

106 GUTTEMBERG. Portrait de Glück jeune et vu de profil. A la sanguine. Signé au verso.

107 HALLÉ (N.). Un évêque assis sur un escabeau. Dessin à la sanguine. Signé.

108 — Tête d'un prêtre vue de profil. A la pierre noire relevé de blanc. Signé.

109 HEMSKERKE (Martin), 1551, La Cène, grande et belle composition à la plume et lavis d'encre de chine, côté n. 2009, par *Crozat*. Signé.

110 HOBBÉMA (M.). Cabane avec moulin à eau, sur la lisière d'un bois. Dessin à la pierre noire, sur gros papier de Hollande.

111 HOREMANS. Intérieur flamand. Dessin à la sanguine.

112 HUET (J.-B.). Cour d'une ferme. Joli dessin à la pierre noire, relevée de sanguine. Papier de 1785. Signé.

113 JACQUES (Charles). Joueur de musette, joueur de mandoline et autre croquis. 15 dessins.

114 JEAURAT (E.). La Brodeuse. Joli dessin à la pierre d'Italie, rehaussé de blanc.

115 LA FAGE (R.) Jeux d'enfants. Dessin en forme de frise. A la sanguine. Signé.

116 — Vénus, Bacchus et Nymphes. Dessin vigoureux. A la plume. Collection *Guichardot*.

117 LAHYRE (L. De). La reine Marie de Médicis quitte le Luxembourg. Dessin allégorique à la pierre noire et lavis de bistre.

118 LAIRESSE (G. De). Enée portant son père. Lavis d'encre de chine relevé de blanc.

119 — Bacchus préside aux vendanges. A la plume et lavis d'encre de chine.

120 LANCRET (N.). Étude d'un homme et d'une femme assis. Très-beau dessin à la sanguine relevé de blanc.

6.8 — **121** LANCRET. Jeune femme assise et tenant un éventail. Joli petit dessin à la sanguine. Signé. — *M. 25 Hudon 13. Michel 22.*

8.50 — **122** LANDERER (F.). Un village en Autriche. Au lavis d'encre de chine. Signé. — *M. 8*

7 — **123** LANFRANC (P.). Mars reçu dans le char de Vénus. Motif de plafond à la plume et lavis d'encre de chine. — *M. 6*

6 — **124** LARGILLIÈRE (N. De). Portrait d'une jeune dame. A la pierre noire relevée de blanc. — *M 6 Hudon 3*

2 4 — **125** LA RUE (De). Bacchantes et Satyres. Superbe petit dessin à la plume et lavis de sépia. Accompagné de l'eau-forte par le maître. — *M. 25*

Vuy 5 — **126** LE BOUTEUX. Jeune seigneur jouant de la contre-basse. A la pierre noire relevé de blanc. — *M. 8*

10.50 — **127** LE BRUN (Ch.). Trophée relatif aux conquêtes de Louis XIV. A la plume, lavé de bistre, rehaussé de blanc. — *M. 10*

Vuy 14 — **128** LECLERC (Séb.). Les Transylvains soumis. Bon dessin à la plume et lavis d'encre de chine. Accompagné de la gravure, par le même avec quelques modifications. — *M. 20*

Vuy 8 — **129** LECLERC, des Gobelins. Estelle et Némorin. Motif d'une tapisserie. Joli dessin à la pierre noire, relevé de blanc. — *M 12*

12 — **130** LEGILLON, 1782. Marchands ambulants sous une tente. Crayon noir relevé de blanc. Signé. — *M 12*

18 — **131** LE MIRE? Le Chateau de cartes. La Poupée habillée. Deux jolis petits dessins de vignettes à la plume et aquarelle. — *M 12 Hudon 5 Zwaglim 10.*

Vuy 5 — **132** LE NAIN. Tête de jeune fille à la sanguine. — *M 5.*

133 LÉONI (Ottavio). Portrait de l'artiste, tête forte comme nature. Beau dessin aux trois crayons. Signé.

134 — Portrait d'*Anibale Monsaldi* vu de profil. Dessin bien conservé, à la pierre noire; l'inscription est au verso.

135 LE SUEUR (E.). Prélat distribuant l'Eucharistie. Dessin à la pierre noire.

136 LINGELBACH. Dessin de divers groupes de figures à la pierre noire.

137 LOIR (N.). L'Archange saint Michel précipitant les réprouvés. A la plume et lavis.
Ce dessin est double, avec modifications.

138 MAARSEN le jeune. Combat de cavalerie. Au lavis d'encre de chine. Papier à la Folie.

139 MACCHIAVELLI (G.), 1789. Andromaque au tombeau d'Hector. A la plume, lavé d'encre de chine.

140 MARATTE (Carle). Déposition de la croix. Composition à la plume et lavis de sépia.

141 MARILHAT. Vue du Caire. Crayon noir relevé de teintes. Provenant de sa vente, n. 125 du catalogue.

142 MARILLIER ? Pacha sous une tente surmontée d'un groupe d'enfants. Très-beau dessin d'un panneau décoratif, à la plume et lavis d'aquarelle.

143 MARTINET. Entrée des Français à Milan. Dessin historique à la plume et lavis de bistre, relevé de blanc. Signé.

144 MAZZOLA (F.). Le Parmesan. Saint Jean au désert. Plume et lavis de bistre, relevé de blanc. *M. 8*

5o 145 METSU (Gabriel). Étude d'une jeune femme assise. A la pierre noire. Papier aux armes d'Utrecht. *M. 12*

5o 146 MEULEN (Van der). Campemement devant une ville assiégée. Dessin à la plume. A été gravé. *M. 8*

147 MICHEL (Georges). Le port au vin à Bercy. Dessin énergique au crayon noir lavé d'aquarelle. Signé. *M. 15 Laguerre 18*

5o 148 MIGNARD (P.). Diane servie par des Faunes. Dessin au lavis de sépia, fait en Italie, sous l'inspiration du Poussin. Rare. Signé. *M. 16 Convoly*

5o 149 — Jeune Dame en costume de cour. A la pierre noire, rehaussé de blanc. *M. 6*

5o 150 — Portrait d'une jeune Dame. A la pierre noire, relevé de blanc. *M. 8*

151 MINIATURE. L'Éducation de l'Amour. Grande miniature sur vélin. *M. 10 Michel 37*

152 MOITTE (A.), 1773. Cavaliers renversés. Dessin à la pierre noire rehaussé de blanc. Signé. *M. 8 Michel 5*

153 MOMMERS. Le Départ pour le marché. Dessin fait en Italie à la sanguine et lavis de pierre rouge. *M. 12*

154 MOREAU (Louis). Jardins d'une villa italienne. Joli dessin à la sanguine. Porte le monogramme. *M. 10*

155 MOREAU (le jeune). Jeune Femme en costume du XVIIIe siècle. Charmant dessin à la pierre noire. Signé. *M. 30 Hedou 3, Michel 43 Convoly*

156 MORO (Battista del). Paysage avec sujet rustique. A la plume et largement lavé de sépia. Accompagné d'une très-belle épreuve à l'eau forte, par le maître et portant au verso la signature de *Mariette* 1670.

157 MURILLO (B.-E.) Jésus au Mont des Oliviers. Lavis de couleur noire, au pinceau.

158 — Religieux en posture suppliante. A la sanguine. Filigrane : une ancre sur une palette de rame.

159 NANTEUIL (Robert). Portrait d'un Magistrat. Dessin aux trois crayons.

160 NAPOLITANO. Une Galère napolitaine. A la plume et lavis de sépia.

161 NATTIER (J.-M.). Jeune Dame feuilletant un livre. A la pierre noire relevée de blanc.

162 NICOLETTO de Modène. Montants d'ornements dans le style de la Renaissance. Au verso, des sujets analogues à la plume et sanguine.

163 NIEULANDT. Petit Paysage flamand à la plume, lavé de bistre et d'indigo.

164 ORLEY (R. Van). Un Sacrifice. Etude à la plume lavée de sépia.

165 OSTADE (Adrien Van), 1642. Les Délices de la bière. Un Homme contemple le contenu de sa canette. Dans le fond du cabaret sont d'autres buveurs qui chantent. Bon dessin à la pierre noire et lavis de bistre. Au verso : une vieille qui file. Signé.

166 PALAMÈDES. Intérieur d'une Taverne. Des Amants s'embrassent, etc. Croquis à la sanguine.

2

167 PALMA, le jeune. Jésus guérissant les malades. *M. 5*
A la plume et lavis.

168 PATER. Étude, à la sanguine, d'une femme *M. 20*
puisant de l'eau. Papier de 1742.

169 PERRIER (F.). Etude de Femme nue jouant *M. 5*
de la guitare. A la pierre d'Italie. Signé.

170 PETERS (Bonaventure). Paysage maritime à la *M. 6*
plume et lavis d'encre de Chine.

171 PIERRE (J.-B.-M.). Les Oies du frère Philippe. *M. 20 Hédou 3*
(Conte de La Fontaine). Bon dessin au lavis de
bistre rehaussé de blanc.

172. — Jeune Paysanne. Etude aux trois crayons. *M. 4*

173 PILLEMENT. Ferme-Manoir aux environs de *M. 10*
Paris. Au lavis de bistre.

174 PINAS. Paysage italien. Plume et lavis de bistre. *M. 5.*

175. PIPPI (Jules-Romain). Sujet allégorique de *M. 10*
l'Abondance. A la plume et lavis de sépia.

176 POCHON. L'Écrivain public. Charge-caricature *M. 5*
à l'aquarelle de l'époque du Directoire.

177 POTTER (Paul). Danse de Paysans hollandais. *M. 50*
Composition de onze personnages, à la pierre
noire, sur vélin. Dessin curieux et rare, cet artiste étant plûtôt connu pour ses marines et
animaux. Signé en toutes lettres sur le tonneau
à gauche.

178 POUSSIN (Nicolas). Paysage italien avec fabri- *M. 10 Gilman 30*
ques. A la plume et lavis de sépia. Vente *Gui-*
chardot.

179 PRIMATICCIO (F. le Primatice). Motif d'une *M. 15 Laurent 50 Consoly*
décoration du Palais de Fontainebleau, à la
plume et lavis de sépia.

180 PUGET (P.). Tête de Faune. Belle étude à la
pierre noire relevée de blanc.

181 QUELLIN (Erasme). Groupe d'Anges supportant un piédestal. Sujet de plafond dessiné à la
pierre noire et au lavis,

182 RAOUX. Le Concert. Trois jeunes gens, costumés en pélerins, chantent et font de la musique.
Pierre noire relevée de blanc.

183 RAVESTEIN (Arnaud), 1665. Portrait d'un
Magistrat hollandais. Très beau dessin à la
pierre noire sur vélin. Signé du monogramme.

184 REMBRANDT Van Rhyn. L'adoration des Mages.
Bon dessin à la plume de ce Maître.

185 — Jésus conduit devant Caïphe. Croquis à la
plume et sanguine lavé de bistre.

186 RICCIARELLI, D. de Volterre. Sujet allégorique
au lavis de sépia et encre de Chine.

187 ROBERT (Hubert). Cöur d'une villa italienne.
Beau dessin à la sanguine.

188 — Intérieur d'une cave italienne. Au lavis de
sépia. Signé.

189 RODIAN (L.-J.), 1774. Mathurin et Pierre. Colas
et Guillot. Deux dessins de vignettes à la pierre
noire pour « Rose et Colas », in-8.

190 ROGMAN (Roland). Joli petit paysage à la sanguine. Rare.

191 ROKES dit : Zorg. Intérieur flamand. A la
plume et lavis de bistre.

192 ROSA (Salvator). Les Moines mendiants. Dessin
curieux au lavis de sépia relevé de blanc. Signé.
Collection *Lalluyé*.

193 ROSSO (Le). *Maître Roux*. Groupe de Femme.
Belle étude à la sanguine, vraisemblablement
pour le palais de Fontainebleau.

194 RUBENS (P.-P.). Chaumières flamandes au bord
d'une rivière. A la pierre d'Italie relevée de
blanc. Rare.

195 — Tête de Lysias. Étude à la sanguine. Papier à
la Fleur de lys.

196 SADELER (G.). Frontispice pour une histoire
des sept Provinces. Beau dessin à l'encre de
Chine relevé de blanc. Signé.

197 SAFT-LEVEN (Corneille). Allégorie de la vérité.
Pierre noire et lavis. Signé.

198 SAFT-LEVEN (Herman). Village hollandais sur
le versant d'un coteau. Grand dessin à la pierre
noire lavé de bistre. Signé.

199 SAGTE (Van). Marine à la plume et lavis d'encre
de Chine. Signé.

200 SAINT-AUBIN (A. De). Portrait de *Soufflot* dans
un médaillon allégorique. A la pierre noire.

201 SAINT-AUBIN (G. De). Intérieur : Scène de ja-
loux trois figures, croquis à la mine de plomb.

202 SALVIATI (F.). Un Apôtre. Étude à la plume et
lavis de sépia.

203 SCHALKEN (Godefroy). Étude de femme nue
aux trois crayons. Bon dessin.

204 SCHUT (C.). Le Christ en croix entouré des
saintes femmes. A la sanguine.

205 SILVESTRE (J.). Vue de Rome, prise sur le
Tibre, dessinée à la plume.

206 SOLIMÉNA (F.). Jeune Prince entouré par la Justice, la Force, la Sagesse, etc. Sujet de plafond à la plume et lavis de bistre.

207 — Épisode du sac de Rome. A l'encre de Chine. Sujet d'un plafond.

208 STEEN (Jean), 1665. La Chanson flamande. Dessin à la pierre noire relevée de blanc. Signé.

209 STRY (J. Van). Vâches au pâturage sur le bord d'un canal. Bon petit dessin au bistre.

210 SUVÉE. Portrait de Camille Desmoulins. Tête forte comme nature. Très-beau dessin aux trois crayons sur papier bleu.

211 SWANEVELT (Herman). Vue prise à la Villa Borghèse dessinée au lavis de bistre.

212 SWEBACH. Entrée des Français dans Turin, le 11 frimaire an VII. Important dessin à la plume et lavis de bistre. Signé.

213 — Combat de Cavalerie. Jolie petite aquarelle.

214 TÉNIERS (David). Paysages montueux animé de quelques personnages. Important dessin de cet artiste au lavis d'encre de Chine et d'aquarelle. Signé.

215 TESTA (Pietro). Le Christ descendu de la croix. Bon dessin au lavis de sépia relevé de blanc. Signé du monogramme.

216 THÉOLON. La Rencontre. Sujet gracieux dessiné à l'encre de Chine.

217 THIÉNON (C.). Vue prise à Amboise. Charmant petit dessin au bistre. Signé.

218. TIÉPOLO (Domenico). Centaure allant en chasse. — M. 10
Dessin vigoureux à la plume et lavis de bistre.
Signé.

219 TIERCE, 1757. Sujet Historique. Grand dessin à — M. 5
la plume lavé de sépia. Signé.

220 UDEN (L. Van). Joli petit Paysage flamand à la — M 8
plume et lavis d'aquarelle.

221 ULFT (Van der). Vue des environs du Colysée. — M 10
Lavis de bistre et de sépia. Collection *Des-
perret*.

222 VALENCIENNES. Grand paysage à la plume et — M 10
lavis d'encre de Chine et de sépia, dans le goût
de Claude Lorain.

223 VAN DEN HEUVEL (A). Portrait de Cléobule — M 20
Lindius. Beau dessin à l'encre de Chine relevé
de blanc. Signé du monogramme.

224 VAN DE VELDE (Adrien). Une vache au pâtu- — M 20
rage. Dessin à la pierre noire. Papier à la Folie.

225 — Petite marine. Au premier plan sont des — M 10   *Gilson* 50.
pêcheurs. Dessin très-fin à la pierre noire.
Monogramme *A. V. V.*

226 VAN DE VELDE (Esaïas) 1624. Les chariots — M 16
attaqués. Très-bon dessin à la pierre noire et
lavis d'encre de Chine. Signé

227 VAN LOO (Carle). Saint-Louis soignant les — M 8
blessés. Grand dessin à la plume et encre de
Chine.

228 VANNI (Francesco). Fuite en Egypte. A la plume — M 6
et lavis d'indigo.

229 VECELLI TIZIANO (Le Titien). Beau paysage — M 15
orné de fabriques, dessiné à la plume.

230 VELASQUEZ (Don Diégo), *attribué*. Sujet allégorique et relatif à la conquête des Pays-Bas par l'Espagne. A la plume et lavis d'encre de Chine.

231 VÉNITIEN (Aug.). Montant d'ornement formé de rinceaux de feuillage. Dessin à la plume et lavis d'indigo. Signé du monogramme dans la tablette.

232 VERNET (Joseph). Marine à la plume et encre de Chine.

233 VICO (E.). Motif d'ornement de la Renaissance formé par des griffons. Très-beau dessin à la plume et lavis de sépia.

234 — Motif d'ornement de la Renaissance. Beau dessin à la plume lavé de bistre.

235 VIEL DE VARENNE. Groupe d'arbres au-devant d'une chaumière. Dessin à la sanguine. Signé.

236 VILLAMENA. Religieux portant un panier de provisions d'une main et un crucifix de l'autre. Dessin à la plume. Rare. Le monogramme, mis au bas, a été un peu rogné.

237 VISSCHER (C.). Un bourgmestre hollandais. Très-bon dessin à la pierre noire.

238 VLIEGER (S. de). Pêcheurs abordant un quai. Marine à la plume et lavis.

239 VOS (Martin de). L'Adoration des Mages. Bon dessin à la plume et lavis de sépia. Collection *Cte Genoëls*.

240 WATTEAU (Antoine). Croquis d'hommes, à la sanguine.

241 — Étude de petite fille assise et souriant. Vigoureux dessin à la sanguine relevé de blanc.

242 WATTEAU. Le Remords d'un prêtre. Sujet religieux à la plume et lavis d'encre de Chine. Rare. Signé.

243 WATERLO (Ant.). Grand paysage à la plume, lavé d'encre de Chine. Ce dessin a été gravé, mais cependant il ne figure pas encore dans l'œuvre.

244 WERDT (de). Jésus et la Samaritaine. Dessin largement traité à la pierre noire lavé de sépia.

245 WILLE. Une Auberge à Fontenay. A la pierre noire et lavis de bistre.

246 WINTERHALTER. La Reine *Marie-Amélie* en pied. Grand croquis au crayon noir.

247 WOUVERMANS (Philippe.). Départ pour la chasse. Bon dessin à la sanguine et lavis de pierre rouge. Rare. Au verso, divers croquis.

248 — Le Fauconnier. Bon petit dessin au lavis d'encre de Chine mélangée d'indigo.

249 ZELOTTI (B). Andromède enchaînée. Dessin de forme ovale, au lavis de sépia.

250 ZUCCARO (Taddeo). Intérieur d'une cuisine. Dessin à la plume et au lavis.

251 Sous ce numéro seront vendus, par lots, environ 600 dessins qui n'ont pu être catalogués.

ESTAMPES ANCIENNES ET MODERNES

252 **Aldegrever**. Haut de gaine, porte-drapeau. (B. 225). Très-belle ép.

253 **Andrea** (Zoan). La danse des quatre femmes. d'ap. *Mantegne* (B 18).

254 **André Andreani**. Présentation au Temple, camayeux de trois planches d'ap. *Parmesan*. In-fol. 4

255 **Berghem** (d'ap.). Achat de l'Esclave. Eau-forte pure. Grand in-fol. 2 50

256 **Bolswert**. Le corps du Christ sur les genoux de la Vierge, adoré par trois anges. In-fol. d'ap. *Van Dyck*, belle ép. 4

257 **Bos** (d'ap. H.). Les âmes des Justes dans la félicité. — Les âmes des Méchants dans les tourments. 2 p. pour montants de décorations ou pour volets d'un triptique. 6

258 **Bosse** (Abraham). *Aux beuueurs très-illustres et haut-crieurs du Roi boit*. Messieurs pour décharger le roi de la febue des enuies des assistants au choix qu'il doibt faire de ses officiers nous avons eu le soin de vous offrir cette nouuelle inuention, qui est de couper les 24 présentes figures chacune avec son quadrain puis enrouller tout autant qu'en aures de besoin en choisissant ceux desditz offices qui agreront le plus à la compagnie et ainsi de mettre dans un chapeau, puis en prendre chascun un pour par après exercer loffice qui lui sera écheu et auparauant chaque officier se présentera à son Roy, etc. Pièce in-fol. de la plus grande rareté, ~~inconnue jusqu'à ce jour,~~ magnifique ép., marge. 1404 De G. Duplessis 176

259 **Bosse**. Des Figures assemblées regardent une bataille au fond. Avant les noms et privilège, in-4. 15

260 **Bosse**. Vertus de Saint François de Paule. Superbe ép. toute marge.

261 **Both**. Paysages à l'eau-forte, 6 p. dont 3 en hauteur. Belles ép.

262 **Bresse** (J.-Antoine de). La sépulture (B. 2). In-fol.

263 **Breughel** (d'ap.). La Fête des Fous, ils jouent aux boules et dansent, se prennent par le nez. In-fol. Pièce curieuse.

264 **Brosamer** (Hans). Marc. Curce 1540 (B. 8). Pièce ronde, belle ép. marge.

265 **Bry** (Théodore de). Triomphe de la Mort : Marche de bagages d'armée suivie de la Mort à cheval accompagnée de deux faucheurs. Belle pièce en forme de frise.

266 **Callot**. Louis de Lorraine, prince de Phalsbourg à cheval (M. 508), rare.

267 — L'Éventail, 2ᵉ état de la 3ᵉ copie, page 630. Belle ép.

268 **Caricature** sur les hautes coiffures : Tho. French Lady of di promenaide, avec quatre vers amusants. Petit in-fol, très-rare.

269 **Caricature hollandaise**. Vacarme au Trianon ou le nouvel hôtel des filles et fils naturels de Louis le Soleiller, avec texte hollandais et français. In-fol.

270 **Carrache** (Annibal). Suzanne surprise par les vieillards, eau-forte in-fol. Très-belle ép. avant les lettres A. C.

271 **De Frey** (J.) 1797. Vieillard coiffé d'une toque à plume, tenant un bâton, d'ap. *Koning*. Très-belle ép. avant le changement du nom de peintre. — Le même avec *Rembrandt*. — Femme étendant du linge, 3 p.

272 **Demarne**. Sujets d'animaux à l'eau-forte, 12 p.

273 **Durer** (Albert). La Vierge couronnée par un ange (B. 37), collée.

274 — La Vierge et l'Enfant Jésus emmailloté (38), collée).

275 — Saint-Christophe a la tête retournée (51). Très-belle ép. collée.

276 — L'Oisiveté (16), belle ép.

277 — Les Armoiries à la tête de mort (101).

278 **Dusart** (Corneille). Les Crieurs (B. 1), 1685. Très-belle ép. d'une petite pièce.

279 — La Ventouse (12). Belle ép. marge.

280 — Le Chirurgien (13). Belle marge.

281 — Le Cordonnier renommé (14). Très-belle ép.

282 — Le Joueur de violon assis (B. 15). Belle ép. très-grande marge.

283 **Dyck** (d'ap. Ant. Van). Sainte Famille. Petite eau-forte, petit in-4.

284 — Dalila faisant prendre Samson par les Philistins, grand in-fol. par *Snyers*.

285 **École italienne**. Anno 1651. Descente de croix. Eau-forte ovale in-4.

286 — Adoration des bergers. Grand in-fol. avec les armes, avant toute lettre. Belle ép.

287 **École de Fontainebleau.** Les Apôtres regardant le Sauveur (B. 6). Morceau du côté gauche en bas. Sept Apôtres dans une balustrade. Grand in-fol. collée, pièce rare d'ap. *Jules Romain.*

288 — Maître au monogramme *J.-G.* entrelacé. L'Annonciation in-fol. en travers d'ap. *Maître Rous.* Belle ép.

289 — Danse de six Dryades d'ap. *Maître Rous* (R. D. 74).

290 — Satyre roulant le jeune Bacchus sur une brouette ornée de figures. *Paul de la Houvé,* 1601, petit in-fol.

291 — Alexandre domptant Bucéphale d'ap. Primatice par *Léon Davent,* ovale 1er état avant Ciartrés excu. Superbe ép. *P. Mariette* 1663.

292 — La Pêche par Léon Davent d'ap. *Primatice* (B. 65), ovale en travers in-fol. *P. Mariette,* 1660.

293 — La Chasse au sanglier. Ovale en travers in-fol., pendant du précédent (B. 48). *P. Mariette,* 1660.

294 — Cadmus combattant le dragon d'ap. *Primatice* (B. 42). Belle ép. sur papier teinté.

295 **École allemande.** Sainte Famille. Eau-forte, in-4 sur chine volant.

296 — Charles-Quint et le Pape à cheval, morceau tiré du triomphe de Charles-Quint, gravé sur fer ?

297 **Flamen** (Albert). Vue du Port-à-l'Anglais (R. D. 520), 3° des 5 états. Vue de Conflans du côté d'Ivry (521), 2 p.

298 — Le Chemin à la lisière d'un bois (562), 2° des 3 états. Superbe ép.

299 **Fyt.** Les Chiens (B. 12, 13, 15, 16). 4 très-belles ép. avant que le nom de Fyt fût effacé.

300 **Gautier** (L.)? Rabel dessinant le portrait de la reine, grand in-8, très-belle ép.

301 **Gaywood** 1656. Vénus du Titien, jouant avec son petit chien, un Seigneur touchant de l'orgue les regarde. Pièce très-rare sur papier teinté, collection Sir Joshua *Reynolds*.

302 **Gellée** (Claude-Lorrain.). Copies des Misères de la guerre de Callot (Meaume, page 627, n° 565), n° 4 de la suite, avec l'original comme différence. 2 p.

303 — N° 9 de la suite avec l'original. 2 p.

304 — N° 12 de la suite.

Ces pièces sont très-rares et n'existent qu'au Bristish Museum.

305 **Gheyn** (Jacques de). Diane surprise par Acteon le change en cerf. Grand in-fol. d'ap. *Theod. Bernard*. Superbe ép. papier à la fleur de lys au poisson, rare.

306 **Ghisi** (Adam). Hercule écoutant la Vertu et la Volupté (B. 26). Papier à l'agneau-pascal.

307 **Ghisi** (Georges). Naissance de Memnon. In-fol., belle ép.

308 **Goltzius** ? Minerve couronnant un jeune héros à genoux, amené par Mercure; la Renommée plane, l'Ignorance, l'Envie, etc., sont derrière le fauteuil de Minerve. Belle pièce in-4, non terminée, très-rare, papier du XVIᵉ siècle, ep. superbe.

309 **Guerard**. Vue de la place des Victoires, 28 mars 1686. Cérémonie pour l'inauguration de la statue de Louis XIV, par M. le maréchal de la Feuillade. In-fol., très-rare.

310 **Heemskerke**. La terre : homme qui trait une chèvre près de la statue de Cérès.

311 **Hooghe** (Romeyn de). Allégories sur toutes les religions du monde. 63 p. in-4, marge. Très-curieuses.

312 **Hutin**. Sujets divers à l'eau-forte. 10 p. avec différences.

313 **Jollain** (chez). La félicité de la terre est un fantôme et n'a que l'apparence : Femme en riche costume, la robe se lève pour voir la Mort. Pièce rare et curieuse, petit in-fol.

314 **La Belle**. Le reposoir. In-fol., papier à la fleur de lys de Florence, ep. très-jaune.

315 **Laguet**. Proverbe. Chacun tire à soi, au milieu Diogène avec sa lanterne cherche un homme. In-4, pièce très-curieuse.

316 **Le Roux** (chez). Distribution du pain du Roi au Louvre, pièce historique. Petit in-fol. très-rare.

317 **Loir** (N.) Cleobis et Biton traînant le char de leur mère. Eau-forte pure, grand in-fol., premier état avant les lettres et les armes, des cabinets Mariette 1694, Rob. Dumenil, etc. Une ép. terminée pour comparaison, 2 p.

318 **Lucas de Leyde**. Tentation de saint Antoine (B. 117). Gravé à l'âge de 15 ans.

319 **ML** 1547 (Monogramme) *Melchior Lorch?* Pièce non décrite. L'Architecture : Femme à mi-corps richement vetue et ailée, tenant une règle et un équerre. H. 60, L 43 millim. Superbe ép., très-rare.

320 **ML** (Monogramme) *Asinaria* 1564. A laver la tête d'un âne on perd son temps et son savon, à gauche quatre ânes marchent sur des instruments de musique et d'étude. Pièce très-curieuse in fol. Superbe ép.

321 **Manglard**. Marines et paysages à l'eau-forte. 83 p., 2 lots.

322 **Mantegna** (André). Bacchanale à la cuve (B. 19).

323 **Marc-Antoine**, Mars, Vénus et l'Amour (B. 345). Belle ép.

324 **Matham** d'ap. *Goltzius*. Les Sens (B. 279). Cérès, Bacchus et Vénus (280). Pallas et Mercure (281). Les Grâces. Superbe ép. avant le n° 8 (285) 4 p.

325 **Moreau** (chez E.). Le moulin d'Erreur, pièce curieuse in-fol., rare.

326 **Parmesan** (d'ap.). Sainte Famille avec le petit saint Jean et la Madeleine. Imprimée au verso.

327 **Pontius**. Sainte Rosalie recevant la couronne de Roses des mains de l'enfant Jésus. Grand in-fol. d'ap. *Van Dyck*.

328 **Primatice** (d'ap.). Vénus et l'Amour. Petit in-fol. sur papier bleuâtre, rare.

329 **Raphaël** (d'ap.). Dieu ordonne à Noé de construire l'arche. Belle pièce probablement par *Marc de Ravenne*.

330 — Triomphe de Galathée. Belle. *Nic. Van Aelst fec.*

331 — La Vierge au palmier, probablement par *Marc de Ravenne*.

332 **Ravenne** (Marc de). La Vierge à la longue cuisse (B. 58).

333 **Rembrandt**. Eaux fortes par et d'après. 25 p.

334 **Reverdino** (Gaspar). Les adeptes : Dix hommes assemblés autour d'un pot rempli de flammes. Sorte de caricature sur l'alchymie. (B. 39.) Très-belle ép.

335 **Ricci** (Seb.) Paysages, in-fol. toute marge. 6 p.

336 **Roos** Les cinq Moutons. Belle eau-forte.

337 **Rota** (Martin). Martyre de saint Pierre, des frères Prêcheurs, d'ap. *Titien*. Belle pièce in-fol.

338 **Rubens** (d'après). Saint Roch, patron des pestiférés. Grand in-fol. avant toute lettre, par *Pontius*.

339 — L'enfant Jésus, saint Jean et son mouton. In-fol. *C. Galle ex.* Très-belle ép.

340 — Le corps de Christ soutenu avant d'être mis dans le tombeau, par *Soutman*. Superbe ép. in-fol. agrandie à la plume en haut.

341 — Mutius Scevola brûlant son poing. Grand in-fol., par *Schmuzer*. — Le même sujet, même grandeur, par un autre graveur. 2 p.

342 **Ruysdael**. Le petit Pont de bois. — La Chaumière en haut de la colline. — Le deux Hommes et leur Chien. 3 p. à l'eau forte, très-belles ép.

343 **Schmidt** (G.-T.). Buste de jeune Homme aux trois moustaches (Claussin 13). — Vieillard à grande barbe, nu tête (14). 2 p.

344 — Homme tête nue et de face (21).

345 — Vieille Femme dite la Pouilleuse (26). Pièce très-estimée.

346 — Le juif Hirsch Michel (36).

347 **Schongauer** (Martin). La sépulture du Christ (B. 18).

348 **Sebastianus**, *Romæ, 1560*. Extase de Saint-François recevant les Stigmates. In-fol., belle ép. avec une petite marge.

349 **Stephanus**. Suzanne entre les Vieillards. Signée *Claude Augustin Mariette*.

350 **Vénitien** (Aug.). Iphigénie réconnaît Oreste et Pylade qu'on lui amène pour être sacrifiés. (B. 194).

351 **Veronese** (d'ap. P.). Martyre d'un Saint. Eauforte grand in-fol. en hauteur. Avant toute lettre.

352 **Visscher** (Corneille). Suzanne surprise par les Vieillards, d'ap. *le Guide*. Superbe ép. avant toute lettre.

353 **Vorsterman**. La Vierge soutenant le corps du Christ descendu de la croix. D'ap. *Van Dyck*, In-fol.

3

354 **Vorsterman**. — Vierge et Jésus entourés de moines et de pauvres, un moine présente un rosaire. Grand in-fol. d'ap. *Caravage*.

355 **Voyard** (M.-F.). Réunion de sept Figures. Une prêtresse semble faire une invocation sur un enfant mort. Cabinet *R. Dumenil*.

356 **Zeeman** (R.). Les Ports d'Amsterdam. 6 p. sur papier à la folie.

357 **École moderne**. Naissance du duc de Bordeaux. In-fol. Avant toute lettre. On reconnaît facilement nombre de personnages de cette composition.

358 **Delacroix** (Eug.). Lion de l'Atlas. — Tigre royal. 2 lithog. in-fol. originales avec la première adresse, chez Gaugain.

359 **Forster**. L'Aurore et Céphale. In-fol. d'après *Guérin*, lettre grise.

360 **Rousseau** (J.-J.). Vignettes pour Héloïse. 7. Avant la lettre. — Émile avec la lettre. En tout 17 p.

361 **Valmont** (Aug. de). Histoire d'une Comédienne. 12 — d'un Comédien 11. En tout 23 p. lith. Superbes.

—

PORTRAITS

362 **Audouin**. Duchesse de Berry. Petit in-fol. d'ap. *Hesse*, marge.

363 **Beauvarlet**. Bouchardon (Edme), sculpteur. In-fol. d'ap. *Drouais*. Très-belle ép., marge.

364 — Clairon, rôle de Médée sur son char. Grand in-fol. d'ap. *Vanloo*.

365 **Bois**, 1554. Franciscus Donatus, doge de Venise. Grand in-fol. Colorié, imp. à Anvers, très-rare.

366 **Bonnart** (chez), Louis XIV en pied, à cheval devant Namnr. 3 p. petit in-fol. Belles ép.

367 — Dames de qualité en habit d'hiver, d'été, dame de la cour en négligé, en habit de velours, jupe d'hermine, etc. 6 p. petit in-fol. Superbes ép.

368 **Boutelou**, Le Grand Condé. — Son pendant avant toute lettre. 2 portraits en pied, grand in-fol. d'ap. *Dardel*.

369 **Carmontelle** (d'ap.) Dauberval et Mlle Allard dansant à l'Opéra. Grand in-fol. par *Tilliard*.

370 **Daullé**. Charles Édouard Stuart. In-fol. avant la lettre. Très-belle ép., toute marge.

371 **De Frey**. Gerard Dow d'ap. lui-même. In-4, très-belle ép.

372 **Dyck** (Van). Son portrait. Eau-forte originale terminée par *Neefs* (Weber 4), 3ᵉ état.

373 — Jean Breughel (W. 1), 3ᵉ état.

374 — Erasme (W. 5), 4ᵉ état.

375 — François Franck (W. 6), 6ᵉ état.

376 — Jndocus de Momper (W. 8), 3ᵉ état, *Mart. Van den Enden*.

377 — Adam Van Noort (W. 9), 5ᵉ état.

378 — François Snyders (W. 15) terminé par *Neefs*, 4ᵉ état.

379 — Juste Suttermans (W. 17), 5ᵉ état.

380 **Dyck** (Van). Triest terminé par *de Jode* (W. 18). — G. de Vos terminé par *Bolswert* (W. 20). — P. de Vos terminé par *Bolswert* (W. 21). 3 p., le dernier papier à la folie.

381 — Marquis de Mirabelle, par *A. Bloteling*, 1er état avant et excudit.

382 — J.-B. Barbé avant l'accent sur l'é, avec *Mart. Van den Enden* (W. 3), 2e état.

383 — Maria Ruten, par *Bolswert*, 3e état. Très-belle ép. Collection Camberlyn.

384 — par *Bolswert*. A. Brouwer, 6e état — Seb. Vrancx — J. Lipsé — Martin Pepyn, du 4e état, 4 p.

385 — par *Hollar*. J. Malder, évêque d'Anvers — Le même, eau-forte non décrite. 2 p.

386 — par *Hondius*. F. Franck junior — Guil. Hondius. 2 p., 4e état, papier à la folie et d'Utrecht.

387 — par *A. de Jode*. Cath. Howard. Mart. Van den Enden, papier à la folie, rare — Beatrix de Cufance par P. de Jode, 2e état, 2 p.

388 — par *P. de Jode*. A. Colyns de Nole, 3e état — P. Halmalius, 4e état — P. de Jode junior. 3 p.

389 — Liberti, 1er état, papier à la folie — J. de Montfort, 1er état, papier à la folie, signé *Mariette*, 1643 — E. Puteanus, 4e état. 3 p.

390 — Michel le Blon, agent de la reine de Suède. Belle ép. par *Matham*.

391 — par *J. Neeffs*. Martin Rychart — Ant. de Tassis, 2e état. 2 p.

392 — par *Pontius*. Marie de Médicis, 4e état.

393 — Rubens. 5e état, papier à la folie.

394 — H. van Baelen. — J. de Breuck. — Palamèdes,
3 p. 4e état, papier à la folie.

395. — Aubert Miræus, 3e état. — Crayer et Gevar-
tius, papier à la folie. — Mytens, 4e état. 4 p.

396. — A. Stalbent, papier au C. couronné. — H.
Steenwyck. — Simon de Vos. 3 p. 4e état.

397 — P. Snayers par *And. Stock.* — Comte de
Pembroke, par *R. V. Voerst.* — Simon Vouet,
3 p.

398 — par *Vorsterman.* Corneille de Vos, 1er état
avant le nom du graveur et avec Mart. van den
Enden.

399. — Gentilescius, 2e état. — Ravestyn, 1er état.
2 p. *Mart. van den Enden,* ep. malades.

400 — Cachiopin, 2e état. *Mart. van den Enden,*
papier fleurdelisé.

401 — P. de Jode, 2e état. *Mart. van den Enden.*

402 — Jean Livens, 1er état très-rare avant Lucas
Vorsterman, et avec *Mart. van den Enden.*

403 — A. van Dyck, 4e état, cabinet du chevalier
Camberlyn.

404 — C. de Mallery, 4e état. — Mildert, 5e état. —
C. Saftleven, 4e état papier à la folie. 3 p.

405 — Seghers, 3e état. — H. van den Eyden, 4e état.
L. Vorsterman. 3 p.

406 — P. de Vos. par *Lommelin.* — Ph. Le Roy,
manière noire. — Trois têtes réunies. 3 p.

407 **Dyck** (d'ap. Van). Tête grandeur naturelle d'un
portrait d'homme, par un anonyme.

408 **Earlom.** Rembrandt d'ap. lui-même, manière
noire, grand in-fol. Belle ép. Grande marge.

409 **Jefferys.** Anne et William, prince d'orange. 2 médaillons accolés.

410 **Jones** (John). M. Ramsden, mécanicien, manière noire, grand in-fol., d'ap. *Home*.

411 **Larmessin.** Cardinal Polus, in-fol., d'après *Raphaël*, très-belle ép., marge.

412 **Lasne** (Michel). Louis XIII à cheval. Très-grand in-fol. La bataille et tout le fond est de Callot. Rare.

413 **Lster** (Jacobus de). Wilhelmus III, roi d'Anglerre. manière noire, petit in-fol.

414 **Le Mire.** Lafayette en pied, in-fol. avec son cheval et son nègre, d'après *le Paon*, très-grande marge.

415 **Lépicié.** Nicolas Bertin, peintre, très-belle ép. in-fol., d'ap. *De Lien*.

416 **Lombart.** Elis. Castelhaven, comtesse, d'ap. *Van Dyck*. Col. Robert Dumenil, belle ép. petit in-fol.

417 — N. de la Fond, Gazetier de Hollande, in-fol., d'ap. *Gascard*.

418 **Mariette** (chez). Philippe V, roi d'Espagne 2. Guillaume III d'Angleterre, Marlborough, Fred. Guil, de Brandebourg, 5 portraits en pieds, petit in-fol., très-belles ép.

419 **Massard** (J.), 1784. Charles Ier, sa femme Henriette-Marie et ses deux enfants, d'ap. *Van Dyck*, très-grand in-fol., belle ép., grande marge.

420 **Massard** (R.-U.). La Joconde, petit in-fol., d'ap. *Léonard de Vinci.*

421 **Morin.** Chrystin (R.-D. 51). Très-belle ép.

422 **Nanteuil** (R.). Jacques Amelot (R.-D. 19), 1ᵉʳ état, l'écusson n'a pas de support, très-belle ép. Rare.

423 — Michel Amelot, archev. de Tours, 3ᵉ des 4 états (20). Avant l'adresse de Gantrel, très-belle ép. marge.

424 — Ch. Benoise, conseiller (38), le nom et titre manuscrit dans la tablette, n'ont jamais été gravés, très-belle ép.

425 — Bochart-de-Saron, chanoine de Paris (42), très-belle ép.

426 — Henri de Mesmes, président à mortier au Parlement de Paris (191), 1ᵉʳ état avant 1650, changée en 1654. Belle ép. sans marge.

427 — Hardouin de Perefixe de Beaumont, archevêque de Paris, dans la manière de Mellan (211) avant l'inscription sur la bordure, état décrit dans le catalogue A. G. 376ᵉ. Vente, avant le 1ᵉʳ de R. Dumenil, très-belle ép.

428 **Pannier**. Louis-Philippe Iᵉʳ In-8, avant la lettre sur Chine, magnifique ép. offerte par Gavard à M. Decailleux et signée. C'est le plus beau portrait du personnage.

429 **Pelicier** 1782. B. Franklin. — Hancok, 2 p in-8, belles ép. marge.

430 **Poilly** (J.-B. de) Jacques Vincent. imp. libraire sindic en 1744.

431 **Popels** (d'ap.). Jocobus Stoopius, marchand et amateur, belle ép.

432 **Reynolds** (d'ap. Joshua). Son portrait par *Sherwin*, grand in-4. Les noms d'artistes à la pointe, très-belle ép.   *Dreyfus* 10. *Mouris* 12

433 — Countess of Harrington et ses enfants. — Lady Smyth et ses enfants, 2 p., petit in-fol., par *Bartolozzi*.   *Michel* 27

o 434 **Saint-Aubin**. Le Kain dans Zaïre, in-fol., d'ap. *Le Noir*.

o 435 — Marie-Élisabeth Denis, femme Radix, in-4, d'ap. *Cochin*, très-belle ép. grande marge.

436 **Schuppen** (Van), 1675, P.-A. Langlois, maître d'Hôtel du Roi, in-fol., très-belle ép. margé.   *Godau* 15

437 **Sixdeniers**. J.-B.-P. Molière, in-4, d'après *Coypel*, margé, in-fol.   *Dreyfus* 5

438 **Smith**. Eugène de Savoie, manière noire, in-fol., d'ap. *Richter*. Belle ép.

p 439 **Steen** (F. van den). S. Pépin et Sainte-Begge, petit in-fol., d'ap. *Rubens*. Très-belle épreuve.

Trouvain (chez). Portraits en pied. Petit in-fol.

o 440 — Le grand Dauphin, superbe ép.   *Leon B.* 20

o 441 — Le duc de Berry, très-belle ép.   *Leon B.* 20

442 — L. Aug. de B., duc du Maine. très-belle ép.   *Leon B.* 20

443 — Mme la duchesse de Chartres, très-belle ép.   *Leon B.* 20   *C.* 12

444 — Mme la duchesse d'Humières en habit de bal. Superbe.   *Mouris* 5.50   *Leon B.* 20   *C.* 12

445 — Mme la princesse de Rohan, veuve du prince de Turenne, assise, superbe ép.   *Rot* 5   *Mouris* 5.50   *Leon B.* 20   *C.* 12

446 — Mme de Seignelay, superbe ép.   *Mouris* 5.50   *Leon B.* 20   *C.* 12

447 — Mme la marquise de Villequier, superbe.   *Rose* 5   *Leon B.* 20   *C.* 12

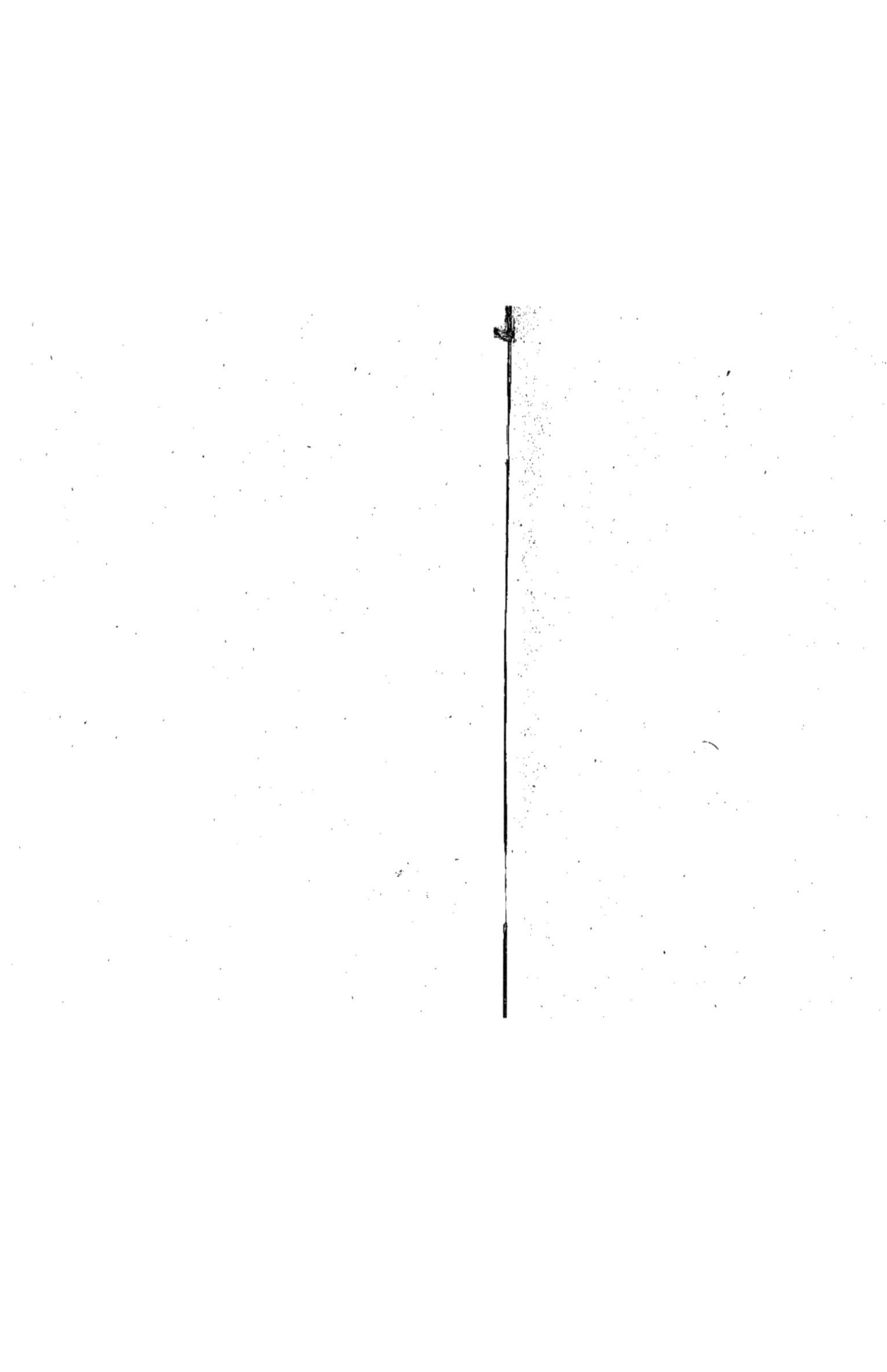

448. — M. le chevalier de Bouillon, superbe.

449 — M. le maréchal de Choiseul, très-belle ép.

450 — M. le comte de Tourville, superbe ép.

451 — M. le duc de Vendôme, superbe ép.

452 — M. le chevalier de Lorraine, superbe.

453. — M. le duc de Savoie. — Le duc de Parme. 2 p. Superbes.

454 — Le prince Louis de Bade. — Le duc de Bavière. 2 p. Très-belles.

455 — Mlle de Savoie, Éléonore d'Autriche, duchesse de Parme, de Bavière, de Sforze, 5 p. Superbes ép.

456 — F. de Harlay, archev. de Paris. — C. M. Le Tellier, arch. de Reims. — C. de Saint-Georges, arch. de Lyon, 3 p. Superbes.

457 — M. le C. de N. en robe de chambre. — Homme de qualité jouant du tympanum. — Abbé en habit d'hiver. 3 p. Superbes.

458 **Visscher** (J. de). fecit aquaforti P.P. Rubens, d'ap. *Van Dyck*, grand in-4. Rare.

459 **Portraits** divers, par Nanteuil et autres. 12 p.

ÉCOLE DU XVIIIe SIÈCLE

ET COULEUR

460 **Anonyme** XVIII. Pendant que l'on panse un guerrier blessé, il dicte à un homme qui écrit de la main gauche. Grand in-fol. avant toute lettre.

461 **Anonyme**. Bataille de la Hoghe. — Mort du général Wolff, 2 p. in-fol. Avant toute lettre.

462 — Diane et Endymion, 2 scènes de chasse. Les paysages et fonds sont eau-forte pure. Les deux figures sont au trait. 2 très-jolies pièces, superbes ép. marges.

463 **Aveline** (F.) fils. Les Saisons, 4 scènes pastorales. In-4, grandes marges.

464 **Bagelff**. Le Modèle, d'ap. *Desfontaines*. Petit in-fol; en couleur, très-belle ép. marge.

465 **Balechou**. Les Baigneuses. D'ap. *J. Vernet*, in-fol., belle ép.

466 **Bartolozzi**. The Triumph of Beauty and Love. Petit in-fol. ovale en travers, sanguine d'ap. *Cipriani*.

467 — Vénus sleeping. Ovale in-fol. en bistre d'ap. *Carrache*.

468 **Baudoin** (d'ap.). Les Amours champêtres. — Lison dormait. 2 p. in-fol., sans marge.

469 **Beauvarlet**. Lecture espagnole. Grand in-fol. d'ap. *Vanloo*. Belle ép.

470 **Boilly** (d'ap.). Les Hommes se disputent, les femmes se battent. Scènes de soldats dans un Musico, avant toute lettre. 3 p. manière noire, in-fol.

471 **Bonnet** (chez). Vénus à sa toilette, d'après *Boucher*. — Mort d'Adonis, d'après *Huet*, 2 p. petit in-fol. Ovales équarris en travers, sanguine, marge.

472 **Boucher** (d'ap.). La Marchande de modes. In-fol., par *Gaillard*, belle.

473 — La Sagesse et la Justice, fac simile au crayon noir et blanc, par *Bonnet*. In-fol., rare.

474 — Le Retour des champs. In-fol., par *Bonnet*, sanguine (185), belle ép.

475 — La Bergère bienfaisante. In-fol., par *Bonnet*, sanguine (187). Très-belle ép.

476 — L'agréable Surprise, pastorale. In-fol., par *Bonnet*, sanguine (189). Très-belle ép.

477 — La Dormeuse, par *Bonnet*. In-fol., sanguine (196). Très-belle ép.

478 — Bacchante couchée, vue de dos, in-fol, sanguine. Très-belle ép.

479 — Femme debout, tenant son enfant. In-fol., belle sanguine par *Petit* (436).

480 — Jeune pêcheur. Belle sanguine. In-fol, par *Petit* (437).

481 — Nymphe couronnant un buste de femme. Belle sanguine in-fol., par *Demarteou* (134).

482 — Vénus nue couchée et l'Amour qui dort. Petit in-fol. sanguine, par *Demarteau*. Superbe ép., marge.

483 **Cauvet**. Montant d'ornement représent. l'eau. Fac simile de dessin, monté comme un dessin.

484 **Chaponnier** (Alex.). Danaé. — Io. 2 charmants sujets gracieux, d'ap. *Regnault* de Rome, in-fol.

485 **Chardin** (D'ap.). La Ménagère, par *Charpentier*. In-fol.

486 — Le Château de carte. Petite eau-forte grand in-8.

487 **Cochin**. Le Tailleur pour femme. Petit in-fol.

2.50   488 **Costumes** et scènes italiennes coloriées. 10 p. in-fol.

9   489 **Mallé**. La Ribotteuse hollandaise. In-fol. Avant toute lettre. Très-belle ép.

9.50   490 **Debucourt**. Jouis, tendre mère. Manière noire, in-fol. Avant la lettre.

10   491 — Traîneau d'un particulier. — Isvoschtschik en course. 2 p. Russe en couleur, in-fol.

9   492 **Demarteau**. Le repos champêtre. — La Marchande de légumes. 2 p. Sanguine. Petit in-fol. d'ap. *Huet*, très-belle ép. Toute marge.

12   493 — Bacchanale en couleur, d'ap. *Caresme*. grand in-4.

8   494 — Léda, l'Amour et le Cygne. In-4, en couleur, belle ép. sans marge.

8   495 — Portrait de Rubens, en couleur, ép. avant toute lettre.

20   496 — Le Paysan de Gandeleu (c'est l'abbé Pommier) assis. Sanguine, petit in-fol., d'ap. *Cochin*. Superbe.

3.50   497 **Depeuille** (chez). Le Bouquet. Petit in-fol., probablement d'après *Mallet*.

12   498 **Dugourc**. Le lever de la Mariée. In-fol. Sans marge.

12.50   499 **Earlom**. The Misers. Manière noire. In-fol., d'ap. *Q. Matsis*. Belle.

10   500 **Eisen** (D'ap.). Le Midi? — le Soir? — 2 p. in-4. Jolies compositions, sans marge.

3.6   501 **Fragonard**. La famille du Satyre. 2 compositions de bas-reliefs entourés de plantes, eaux-fortes, originales, belles ép.

502 **Fragonard** (D'ap.). Le joli Chien, reminiscence de la Gimblette. Ovale, petit in-fol. Rare. 8 . 50

503 — L'Armoire. Petit in-fol., par *Coron*. Colorié. 3 . 50

504 **Freudeberg** (D'ap.). Lison dormait. In-fol., par *Triere*. Très-belle ép., toute marge. 13

505 **Green**, Le Satyre et le Voyageur. Manière noire, très-grand in-fol. en couleur, d'ap. *Jordaens*. 7 . 50

506 **Greuze** (D'ap.). L'Amour, par *Henriquez*. In-fol. Marge. 2

507 — L'Enfant qui donne sa soupe au chien, par *Maleuvre*. Grand in-fol. Belle ép. 5 . 50

508 **Hallé** (D'ap.). Le duc de Chartres reçu à la porte de l'église de Gournay, par J.-B.-Th. du Taillis, curé. Petit in-fol., par *Tardieu*. Superbe ép., collée 3

509 **Huet** (D'ap.). Vénus et l'Amour. Fac-simile d'un petit dessin au bistre. 6

510 — La Fidélité couronne l'Amour. Ovale en hauteur, par *Wolff*, en couleur. 5

511 — Bergère caressant sa brebis. Fac-simile, crayons rouge et noir, sans marge. 8

512 — La Colombe bien aimée, — l'Enfant chéri. 2 p. en bistre, par *Kock*, in-4, rares. 13

513 **Ingouf** jeune, 1781. Les Canadiens au tombeau de leurs enfants, Eau-forte pure, grand in-fol. 2

514 — Mort de Marceau, d'ap. *Le Barbier*, eau-forte pure. Très-grand in-fol. 14

515 **Jeaurat** (D'ap.). Le Berger constant, grand in-fol., par *N. Dufour*. Très-belle ép. 10 . 50

516 **Lavreince** (D'ap.). Le Remède, — l'Écueil de l'Innocence, d'ap. *Moitte*. 2 p. in-fol. 18

517 **Le Bas**, Colin-Maillard. Petit in-fol. Superbe ép., toute marge.

518 **Lepicié**. Le Flûteur, d'ap. *Grimoud*, in-4. Très-belle ép., marge.

519 **Macret**. Ésope apportant une couronne à La Fontaine à sa réception aux Champs-Elysées, in fol. Avant toute lettre, très-belle ép., marge.

520 **Malbeste** terminé par Le Bas, d'ap. Téniers. *Environs d'Anvers*. In-fol., très-belle ép. Avant toute lettre.

521 **Moreau** l'aîné (L.). On y court plus d'un danger, — le Villageois entreprenant. 2 p. petit in-fol.

522 **Moreau** le jeune, 1763. Bethsabée au bain, ou la Coupeuse d'ongles. Grand in-fol., d'après *Rembrandt*. Superbe ép., sans marge.

523 **Nattier** (D'ap.). La Comédie. In-fol., par *Et. Fessard*, belle ép., marge. Ce doit être le portrait d'une actrice.

524 **Oudry** (J.-B.). Frontispice (R. D. 1) chez *Huquier*. — Le Chevreuil forcé (2) avant le numéro. — Le Loup aux abois (4). 3 p. in-fol.

525 **Oudry** (D'ap.). Le Sérail du Doguin. — La Chienne de Braque avec toute sa famille. 2 p. grand in-fol., par *Daullé*, marge.

526 **Patas**. Levé du roy, tiré du sacre de Louis XVI, petit in-fol. Toute marge.

527 **Queverdo**. Le lever de la Mariée, in-fol., par *Dambrun*. Belle ép., marge.

528 **Sablet** (D'ap.). Sujets villageois, 1er et 2e ouvrage de *Perrot*, 1785-1786, offert à la Société philanthropique de Paris. 2 p., in-fol. Rares.

529 **Saint-Quentin** (D'ap.). Diane endormie. In-fol., par *Littret*, 1764. Très-belle ép., marge.

530 **Sanguine**. Jeune Femme nue, assise, In-fol. Très-belle ép., sans marge.

531 — Jeune Fille tenant un bouquet de fleurs et dansant. Petit in-fol., sans marge.

532 **Schall** (D'ap.). Le Rocher de Meillerie, par *Aug. Le Grand*. — Scène, il va faire passer le ruisseau aux jeunes filles à cheval. Avant toute lettre. 2 p. in-fol., tirées de la nouvelle Héloïse.

533 **Schenau** (D'ap.). Image de la Beauté. In-fol., par *Chevillet*. Belle ép.

534 **Smith**. Portait de Femme de profil, coiffée d'un voile. Manière noire, in-fol., *Proof*, marge.

535 **Vernet** (Joseph). Marine, eau-forte, originale, petit in-fol.

536 **Vues d'optique** coloriées, de France et Étranger. 30 p.

537 **Watteau** (D'ap.). Il est dans un Parc, près de M. Julienne jouant du violoncelle. In-fol., par *Tardieu*.

538 **Wille**. Les Soins et les Délices maternels. 2 p. in-fol., d'ap. *Wille* fils, avec les premiers titres.

539 **Wille** fils (D'ap.). Le Baiser innocent. — La Galante à désirs. — La Coquette satisfaite. — Prévoyance aux plaisirs. 4 p. petit in-fol., par *P. L.* Belle ép., rares.

Moins chemises	16	20		
...oraires 10 %	719	20		
	811	60		
...iches Colombier et affiches	40	45		
...tions au Moniteur des ventes	15	10		
...ration de ventes	2	20		
...du Procès verbal	7	80		
...egistrement	183	75		
...ment en Bourse commune	226	80		
...raires de Mr. Delestre	226	80		
...et crieur	24			
...tion de la Salle	119	40		
Catalogues	319			
...port au Journier du Commission	21	10		
Supplement de Travail	31			
	2029	00		
...tion des 5 % des acquereurs	359	60	1669	40
			5522	60